Impressum
Verlag: BABADADA GmbH, Nedderfeld 112 , 22529 Hamburg
Geschäftsführer / Verlagsleitung: Harald Hof
Druck: Books on Demand GmbH, In de Tarpen 42, 22848 Norderstedt

Imprint
Publisher: BABADADA GmbH, Nedderfeld 112 , 22529 Hamburg, Germany
Managing Director / Publishing direction: Harald Hof
Print: Books on Demand GmbH, In de Tarpen 42, 22848 Norderstedt, Germany

iskola
škola

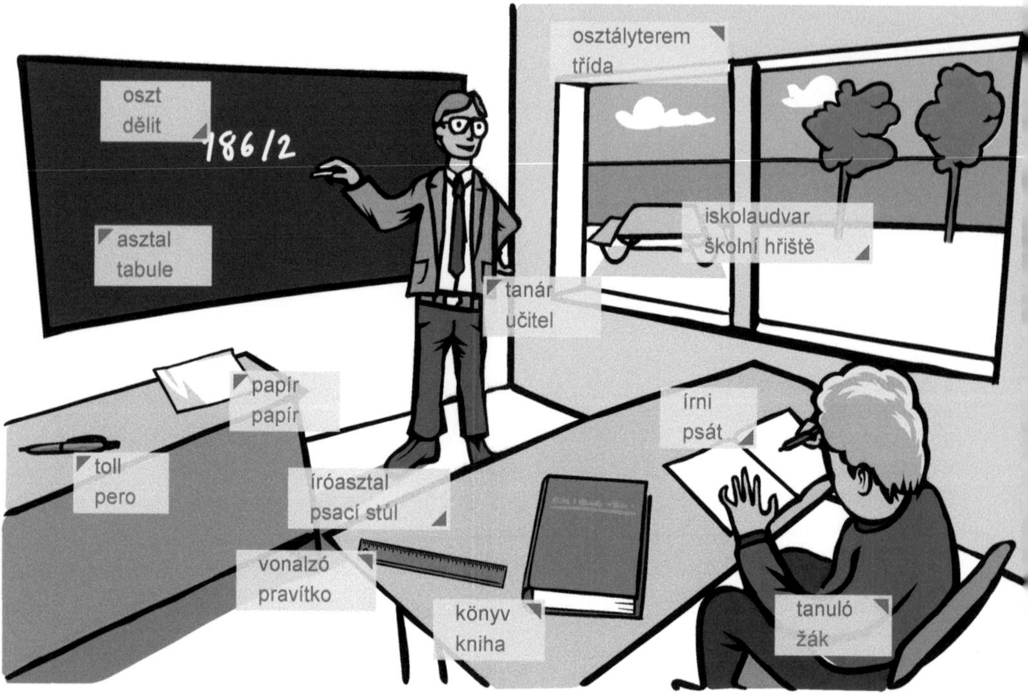
osztályterem
třída
oszt
dělit
186/2
asztal
tabule
iskolaudvar
školní hřiště
tanár
učitel
papír
papír
írni
psát
toll
pero
íróasztal
psací stůl
vonalzó
pravítko
könyv
kniha
tanuló
žák

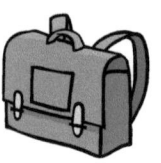

iskolatáska

aktovka

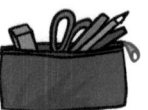

tolltartó

penál

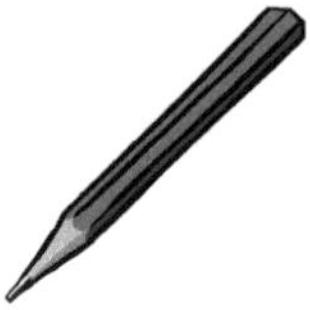

ceruza

tužka

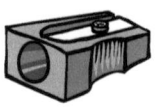

ceruzahegyező

ořezávátko

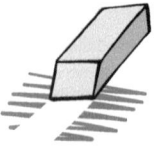

radír

guma

rajzfüzet

blok na kreslení

rajz

výkres

ecset

štětec

festőkészlet

malířské potřeby

olló

nůžky

ragasztó

lepidlo

munkafüzet

cvičebnice

házi feladat

domácí úkol

szám

počet

2+2

összead

sčítat

5-2

kivon

odčítat

2×2

szoroz

násobit

számol

počítat

A

betű

písmeno

ABCDEFG
HIJKLMN
OPQRSTU
VWXYZ

ABC

abeceda

szó

slovo

szöveg

text

olvasni

číst

kréta

křída

tanóra

hodina

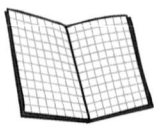

napló

třídní kniha

vizsga

zkouška

bizonyítvány

vysvědčení

iskolai egyenruha

školní uniforma

oktatás

vzdělání

enciklopédia

encyklopedie

egyetem

univerzita

mikroszkóp

mikroskop

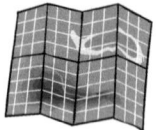

térkép

karta

papír-hulladék gyűjtő

odpadkový koš na papír

utazás
cesta

hotel
hotel
Grand
szállás
ubytovna
ROOMS
valutaváltó iroda
směnárna
bőrönd
kufr
autó
auto

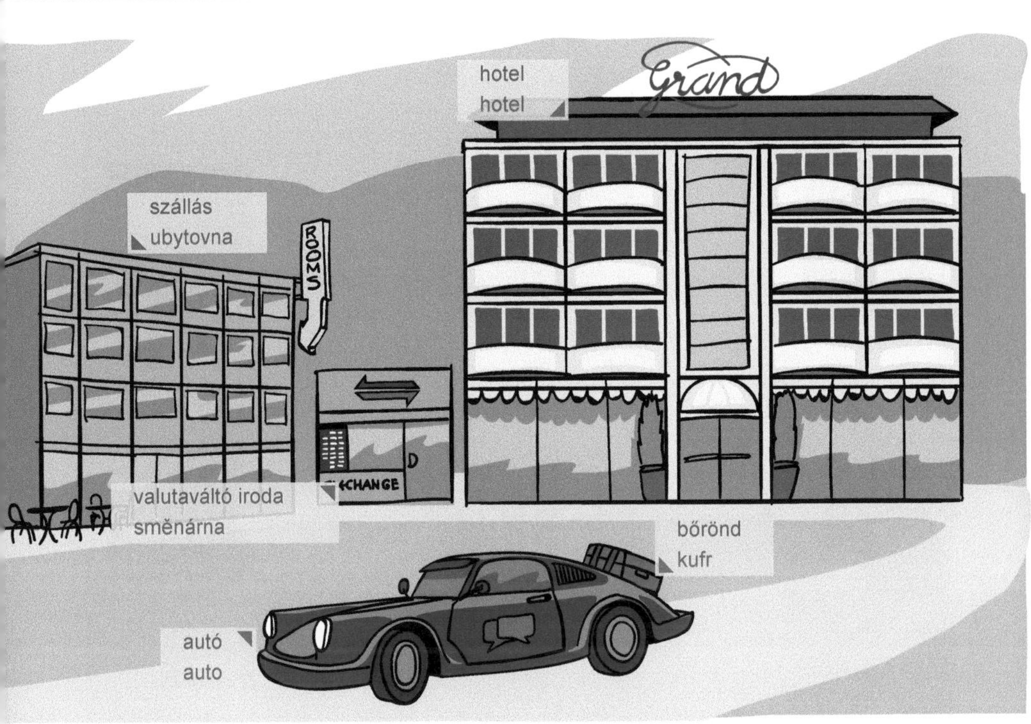

nyelv
jazyk

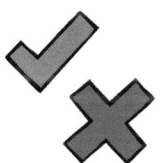

igen/nem
ano / ne

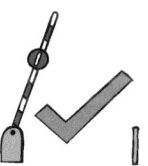

rendben
oukej

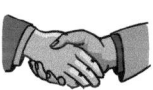

szia
Ahoj!

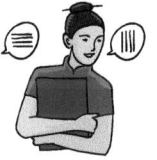

fordító
překladatel

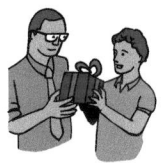

köszönöm
děkuji

mennyibe kerül...?

Kolik stojí...?

nem értem

nerozumím

probléma

problém

Jó estét!

Dobrý večer!

jó reggelt!

Dobré ráno!

jó éjszakát!

Dobrou noc!

viszontlátásra

na shledanou

útirány

směr

poggyász

zavazadlo

táska

taška

hátizsák

batoh

vendég

host

szoba

pokoj

hálózsák

spací pytel

sátor

stan

turista információ

turistické informace

strand

pláž

hitelkártya

kreditní karta

reggeli

snídaně

ebéd

oběd

vacsora

večeře

jegy

jízdenka

lift

výtah

bélyeg

poštovní známka

határ

hranice

vám

clo

nagykövetség

poselství

vízum

vízum

útlevél

pas

közlekedés
transport

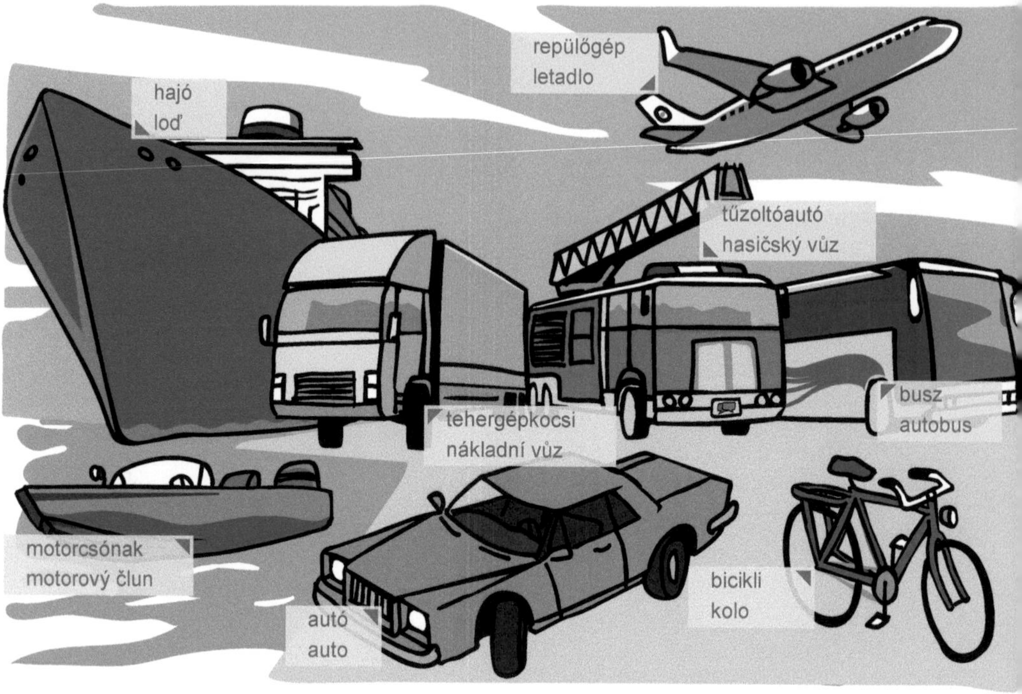
hajó
loď
repülőgép
letadlo
tűzoltóautó
hasičský vůz
tehergépkocsi
nákladní vůz
busz
autobus
motorcsónak
motorový člun
autó
auto
bicikli
kolo

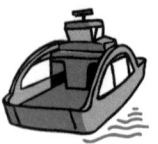

komp
přívoz

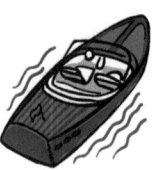

csónak
člun

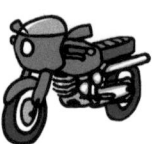

motorkerékpár
motorka

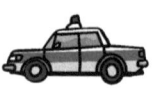

rendőrautó
policejní auto

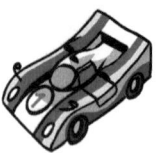

versenyautó
závodní auto

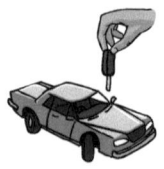

bérautó
pronajaté auto

telekocsi
sdílení aut

vontató
odtahová služba

szemetes autó
popelářský vůz

motor
motor

üzemanyag
palivo

benzinkút
čerpací stanice

közlekedési tábla
dopravní značka

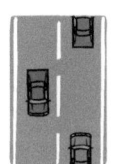

forgalom
doprava

forgalmi dugó
dopravní zácpa

parkoló
parkoviště

vonatállomás
vlakové nádraží

sínek
koleje

vonat
vlak

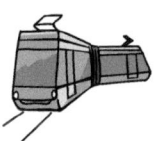

villamos
tramvaj

vagon
vagón

helikopter
helikoptéra

repülőtér
letiště

torony
věž

utas
pasažér

konténer
kontejner

kartondoboz
kartón

taliga
trakař

kosár
koš

felszáll / leszáll
vzlétnout / přistát

város
město

falu
vesnice

városközpont
střed města

ház
dům

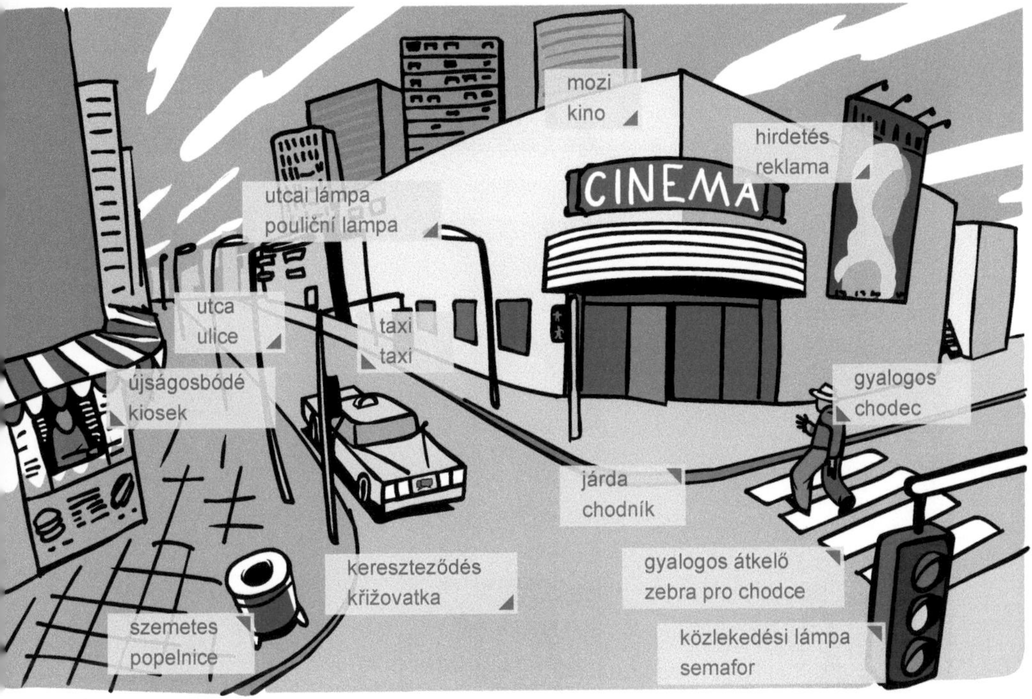

mozi
kino

hirdetés
reklama

utcai lámpa
pouliční lampa

CINEMA

utca
ulice

taxi
taxi

gyalogos
chodec

újságosbódé
kiosek

járda
chodník

kereszteződés
křižovatka

gyalogos átkelő
zebra pro chodce

szemetes
popelnice

közlekedési lámpa
semafor

kunyhó

chata

lakás

byt

vonatállomás

vlakové nádraží

városháza

radnice

múzeum

muzeum

iskola

škola

egyetem

univerzita

bank

banka

kórház

nemocnice

hotel

hotel

gyógyszertár

lékárna

iroda

kancelář

könyvesbolt

knihkupectví

üzlet

obchod

virágüzlet

květinářství

szupermarket

supermarket

piac

tržnice

áruház

obchodní dům

halárus

rybárna

bevásárló központ

nákupní centrum

kikötő

přístav

park
park

pad
lavička

híd
most

lépcső
schody

metró
metro

alagút
tunel

buszmegálló
autobusová zastávka

bár
bar

étterem
restaurace

postaláda
poštovní schránka

utcatábla
pouliční tabule

parkoló óra
parkovací hodiny

állatkert
zoo

uszoda
plovárna

mecset
mešita

gazdálkodás

usedlost

környezetszennyezés

znečišťování životního prostředí

temető

hřbitov

templom

církev

játszótér

hřiště

szentély

chrám

táj
krajina

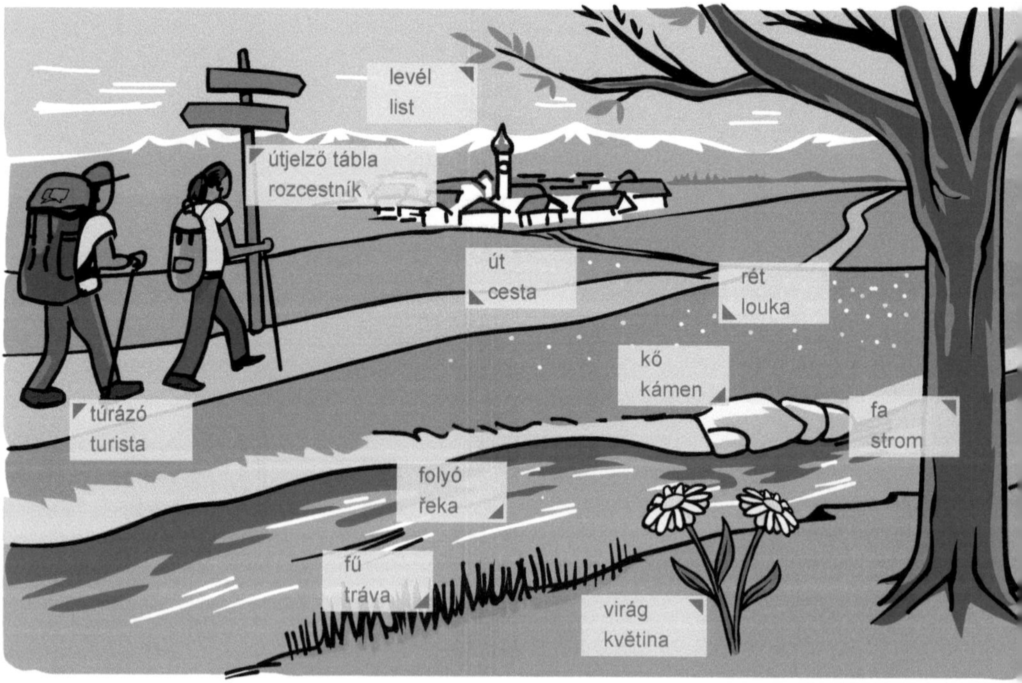

levél
list

útjelző tábla
rozcestník

út
cesta

rét
louka

kő
kámen

túrázó
turista

fa
strom

folyó
řeka

fű
tráva

virág
květina

völgy

údolí

domb

hora

tó

jezero

erdő

les

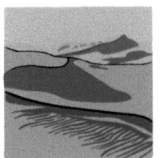

sivatag

poušť

vulkán

sopka

kastély

zámek

szivárvány

duha

gomba

houba

pálmafa

palma

szúnyog

komár

légy

moucha

hangya

mravenec

méhecske

včela

pók

pavouk

táj - krajina

bogár

brouk

béka

žába

mókus

veverka

sündisznó

ježek

nyúl

zajíc

bagoly

sova

madár

pták

hattyú

labuť

vaddisznó

divoké prase

szarvas

jelen

rénszarvas

los

gát

přehrada

szélturbina

větrné kolo

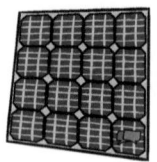

napelem

solární panel

éghajlat

podnebí

étterem
restaurace

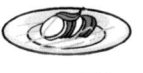

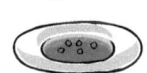

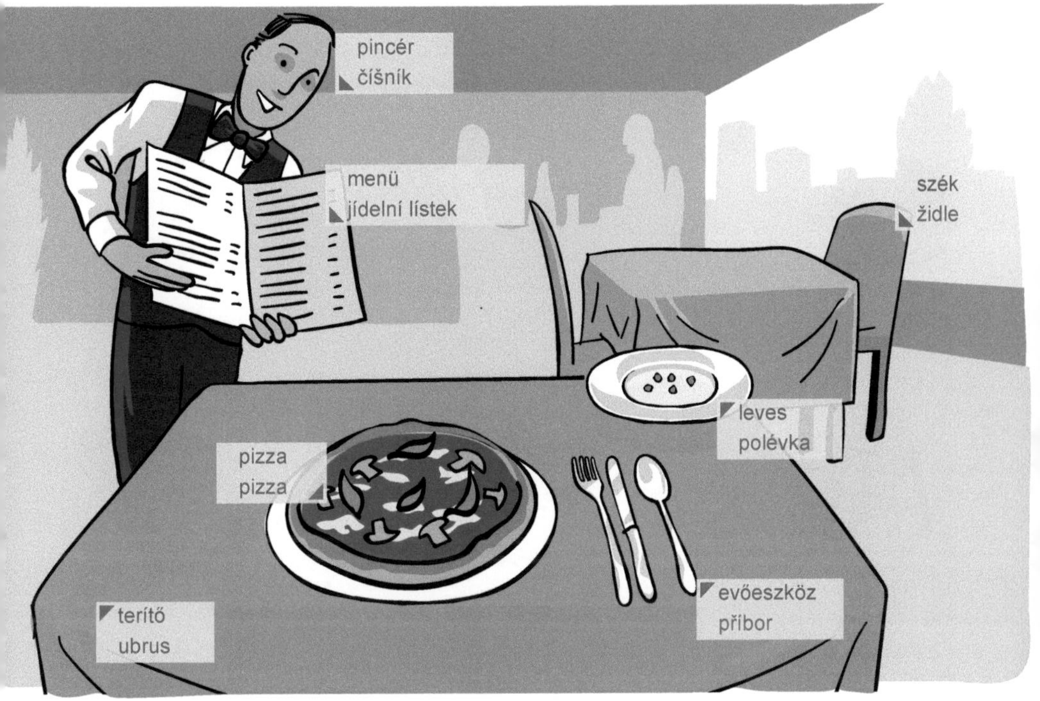
pincér
číšník
menü
jídelní lístek
szék
židle
leves
polévka
pizza
pizza
evőeszköz
příbor
terítő
ubrus

előétel

předkrm

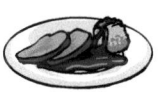

főétel

hlavní chod

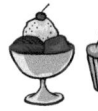

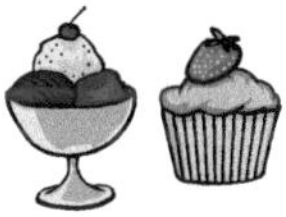

desszert

dezert

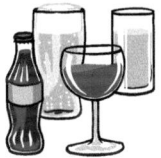

italok

nápoje

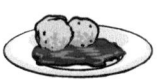

étel

jídlo

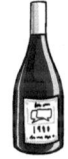

üveg

láhev

gyorsétel

rychlé občerstvení

gyorsétel

pouliční občerstvení

teás kanna

čajová konvice

cukortartó

cukřenka

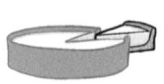

adag

porce

eszpresszógép

kávovar na espresso

bárszék

dětská stolička

számla

faktura

tálca

tác

kés

nůž

villa

vidlička

kanál

lžíce

teáskanál

čajová lyžička

szalvéta

ubrousek

pohár

sklenička

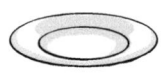

tányér
talíř

leveses tányér
talíř na polévku

csészealj
podšálek

szósz
omáčka

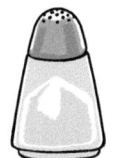

sószóró
slánka

borsőrlő
mlýnek na pepř

ecet
ocet

étkezési olaj
olej

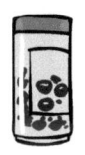

fűszerek
koření

ketchup
kečup

mustár
hořčice

majonéz
majonéza

szupermarket
supermarket

különleges ajánlat
nabídka
FOR
ügyfél
zákazník
tejtermék
mléčné výrobky
gyümölcsök
ovoce
bevásárló kocsi
nákupní vozík

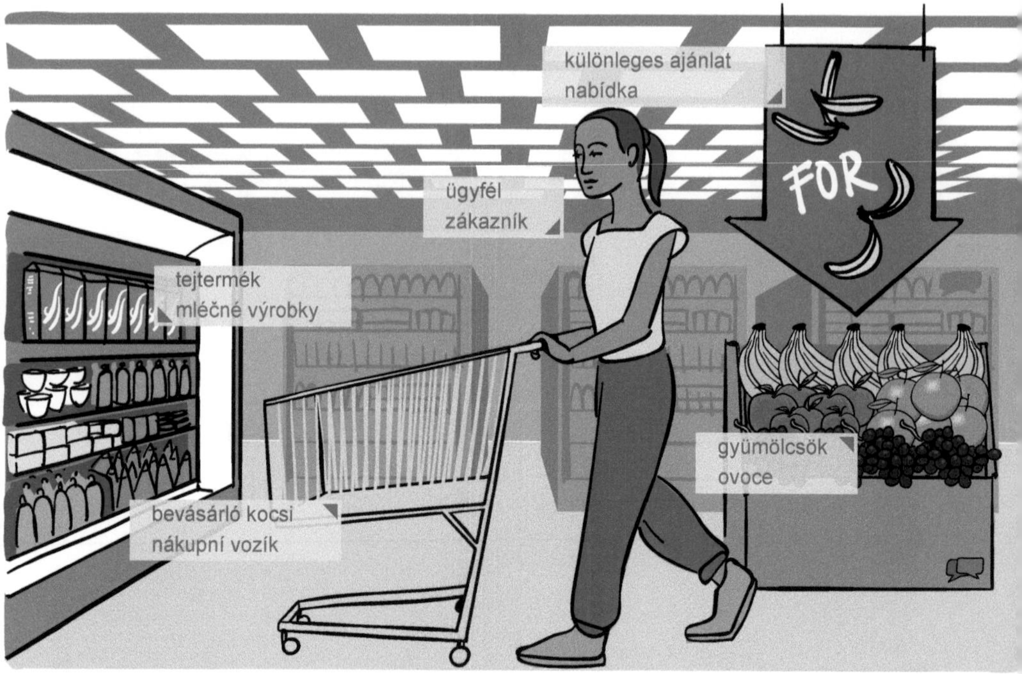

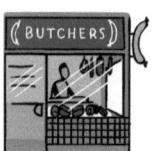

BUTCHERS

hentes

masna

BAKERY

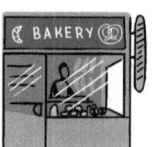

pékség

pekařství

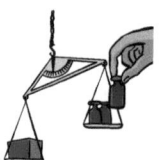

nyom valamennyit

vážit

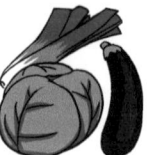

zöldség

zelenina

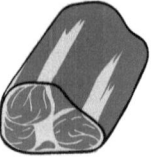

hús

maso

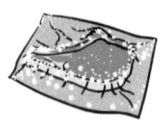

fagyasztott áru

mražené potraviny

felvágott

obložený talíř

konzerv

konzervy

mosópor

prací prášek

édességek

cukrovinky

háztartási termék

výrobky pro domácnost

tisztítószerek

čisticí prostředek

eladó

prodavačka

pénztárgép

pokladna

eladó

pokladní

bevásárló lista

nákupní seznam

nyitva tartás

otevírací doba

levéltárca

peněženka

hitelkártya

kreditní karta

zacskó

taška

műanyag zacskó

igelitová taška

szupermarket - supermarket

víz

voda

gyümölcslé

džus

tej

mléko

kóla

kola

bor

víno

sör

pivo

alkohol

alkohol

kakaó

kakao

tea

čaj

kávé

káva

eszpresszó

espresso

kapucsínó

kapučíno

banán

banán

alma

jablko

narancs

pomeranč

sárgadinnye

meloun

citrom

citrón

sárgarépa

mrkev

fokhagyma

česnek

bambusz

bambus

hagyma

cibule

gomba

houba

magvak

ořechy

nokedli

těstoviny

spagetti

špageti

rizs

rýže

saláta

salát

sült krumpli

hranolky

sült burgonya

americké brambory

pizza

pizza

hamburger

hamburger

szendvics

sendvič

hússzelet

řízek

sonka

šunka

szalámi

salám

kolbász

salám

csirke

kuře

pecsenye

pečeně

hal

ryby

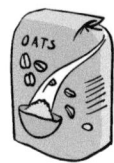

zabkása

ovesné vločky

müzli

müsli

kukoricapehely

vločky

liszt

mouka

croissant

croissant

zsemle

houska

kenyér

chléb

pirítós kenyér

toast

keksz

sušenky

vaj

máslo

túró

tvaroh

sütemény

buchta

tojás

vejce

tükörtojás

volské oko

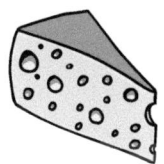

sajt

sýr

étel - jídlo

jégkrém

zmrzlina

cukor

cukr

méz

med

lekvár

marmeláda

mogyorókrém

nugátový krém

curry

kari

étel - jídlo

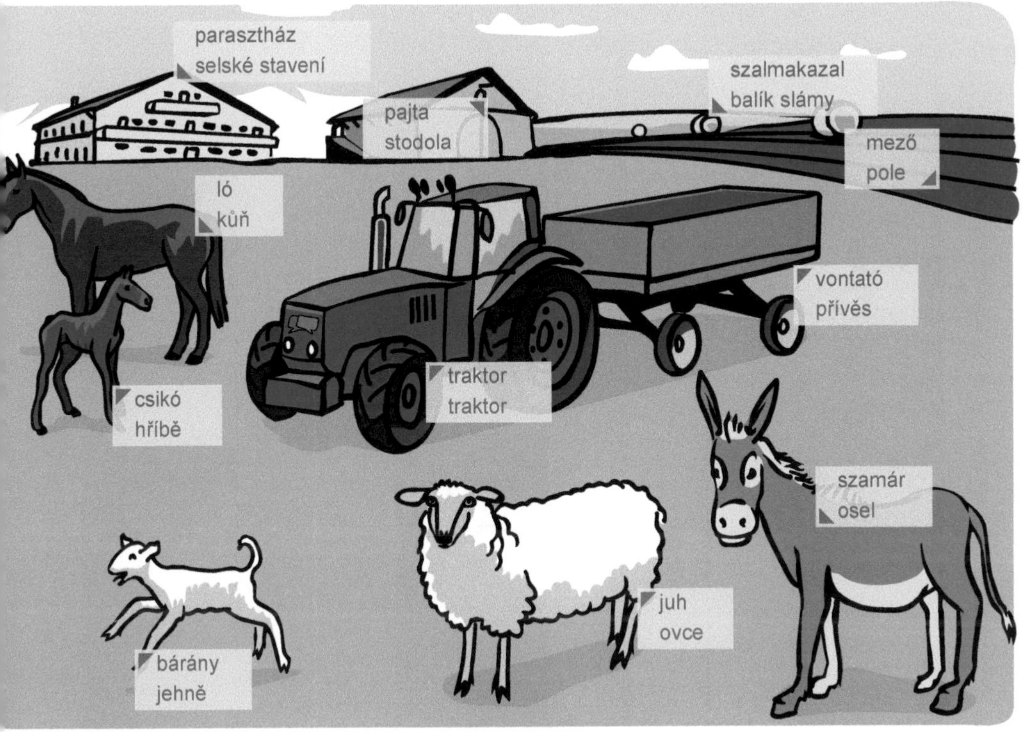

parasztház
selské stavení

pajta
stodola

szalmakazal
balík slámy

mező
pole

ló
kůň

vontató
přívěs

traktor
traktor

csikó
hříbě

szamár
osel

juh
ovce

bárány
jehně

kecske
koza

tehén
kráva

borjú
tele

malac
prase

kismalac
sele

bika
býk

liba
husa

kacsa
kachna

csibe
kuře

tojó
slepice

kakas
kohout

patkány
krysa

macska
kočka

egér
myš

ökör
vůl

kutya
pes

kutyaház
psí bouda

kerti öntözőcső
zahradní hadice

öntözőkanna
kropicí konev

kasza
kosa

eke
pluh

sarló

srp

kapa

motyka

vasvilla

vidle

fejsze

sekera

talicska

kolecko

teknő

koryto

tejes kancsó

konev na mléko

zsák

pytel

kerítés

plot

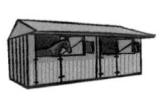

istálló

stáj

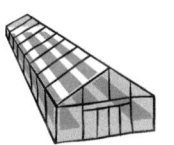

üvegház

skleník

talaj

půda

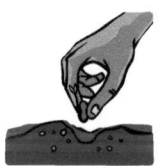

vetőmag

osivo

trágya

hnojivo

cséplőgép

kombajn

szüretelni
sklidit

betakarítás
sklizeň

yamgyökér
smldinec

búza
pšenice

szója
sója

burgonya
brambora

kukorica
kukuřice

repcemag
řepka

gyümölcsfa
ovocný strom

manióka
maniok

gabona
obilí

ház
dům

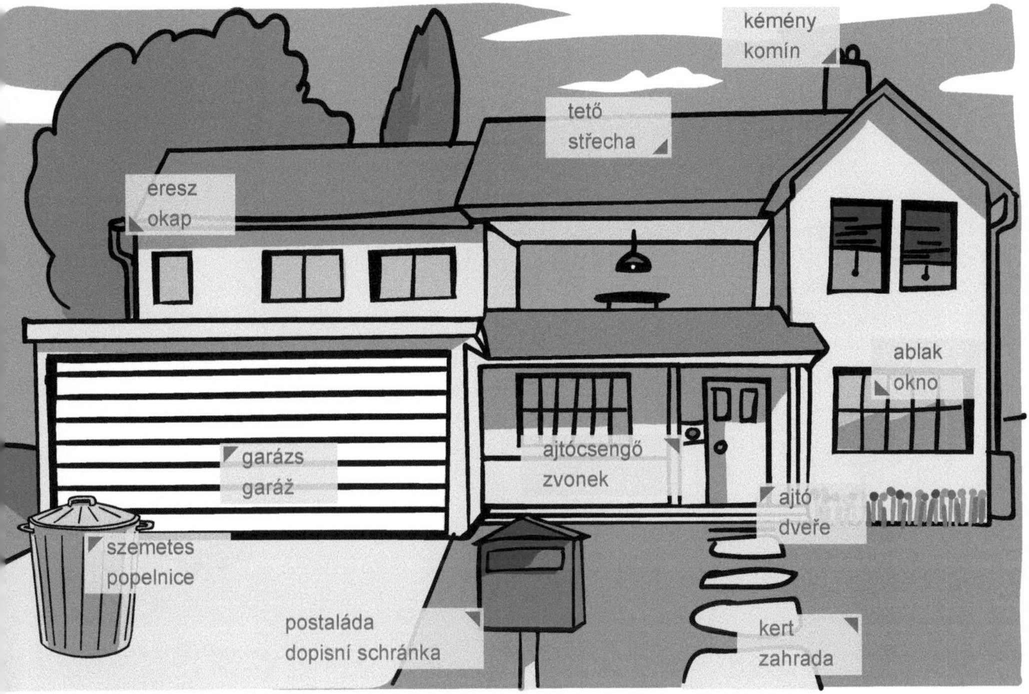

kémény
komín
tető
střecha
eresz
okap
ablak
okno
garázs
garáž
ajtócsengő
zvonek
ajtó
dveře
szemetes
popelnice
postaláda
dopisní schránka
kert
zahrada

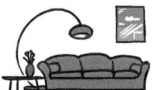

nappali
obývací pokoj

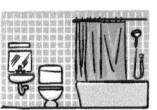

fürdőszoba
koupelna

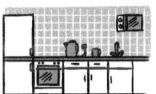

konyha
kuchyně

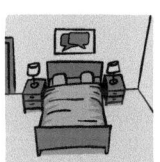

hálószoba
ložnice

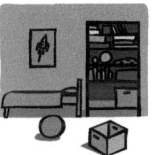

gyerekszoba
dětský pokoj

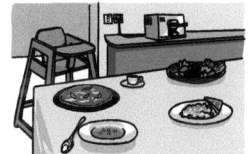

ebédlő
jídelna

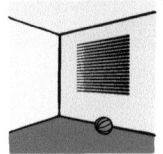

padló

podlaha

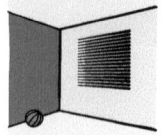

fal

zeď

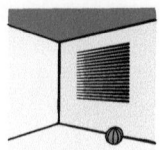

plafon

deka

pince

sklep

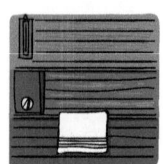

szauna

sauna

erkély

balkón

terasz

terasa

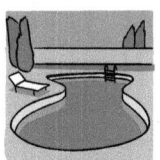

medence

bazén

fűnyíró

sekačka na trávu

lepedő

ložní prádlo

ágytakaró

lůžková přikrývka

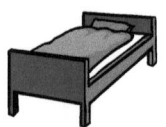

ágy

postel

seprű

smeták

vödör

kýbl

kapcsoló

vypínač

nappali
obývací pokoj

tapéta
tapeta
kép
obrázek
lámpa
žárovka
polc
police
szekrény
skříň
televízió
televizor
kandalló
komín
virág
květina
párna
polštář
kanapé
gauč
váza
váza
távirányító
dálkový ovladač

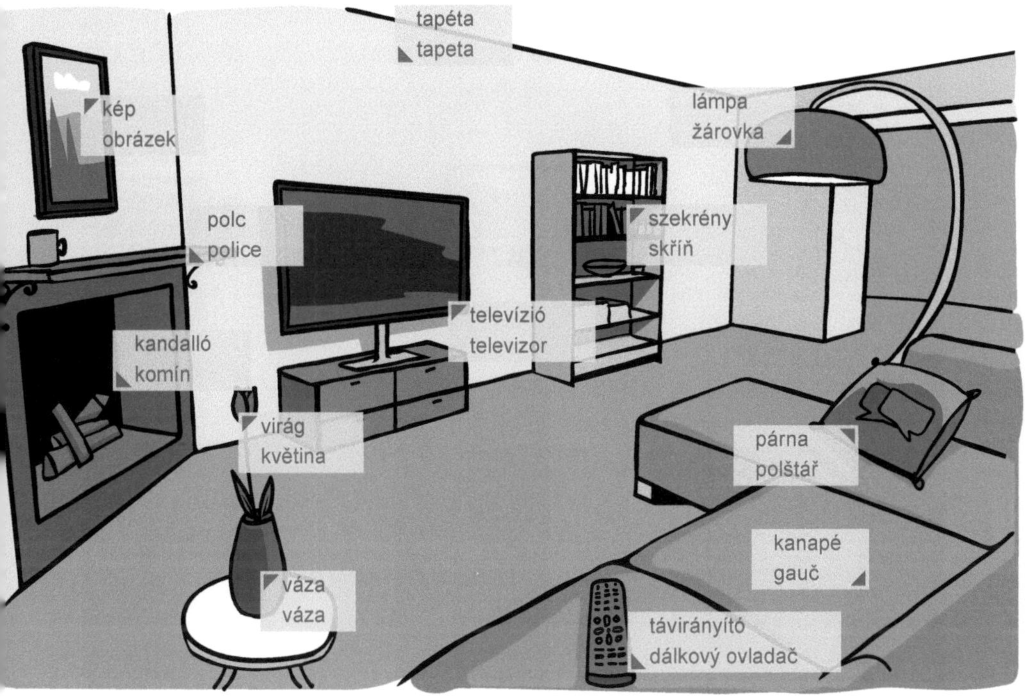

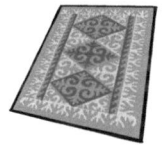

szőnyeg

koberec

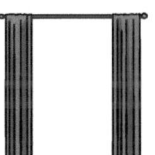

függöny

závěs

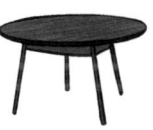

asztal

stůl

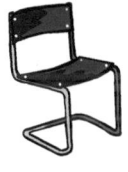

szék

židle

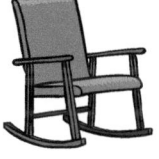

hintaszék

houpací křeslo

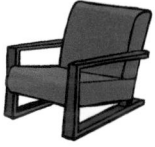

karosszék

křeslo

könyv

kniha

takaró

strop

dekoráció

ozdoba

tűzifa

palivové dříví

film

film

hifi

stereo souprava

kulcs

klíč

újság

noviny

festmény

malba

poszter

plakát

rádió

rádio

jegyzetfüzet

poznámkový blok

porszívó

vysavač

kaktusz

kaktus

gyertya

svíce

konyha
kuchyně

hűtőgép
chladnička
mikrohullámú sütő
mikrovlnná trouba
konyhai mérleg
kuchyňská váha
kenyérpirító
toustovač
tisztítószer
čisticí prostředek
tűzhely
trouba
fagyasztó
mraznička
szemetes
popelnice
mosogatógép
myčka nádobí

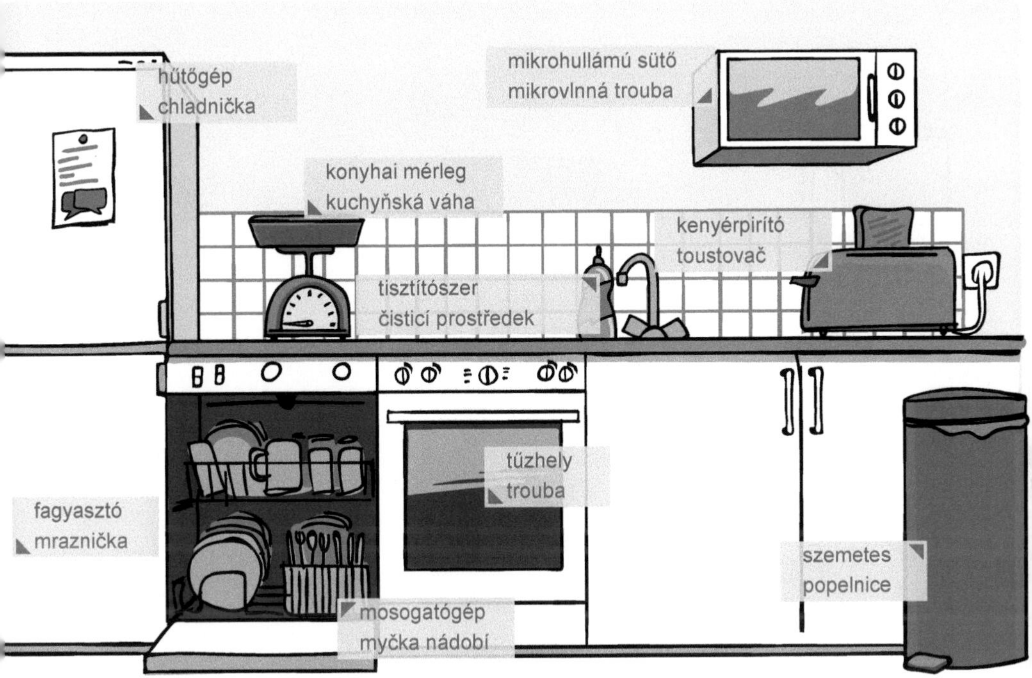

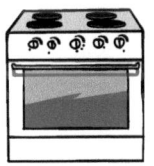

tűzhely
sporák

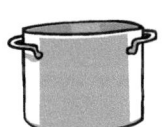

edény
hrnec

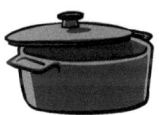

vasfazék
litinový hrnec

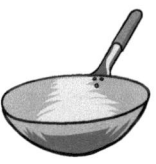

wok / kadai
wok / kadai

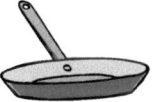

serpenyő
pánev

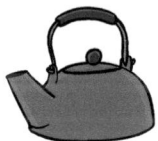

vízforraló
varná konvice

páróló

parní hrnec

tepsi

plech na pečení

étkészlet

nádobí

bögre

hrnek

tálka

miska

evőpálcika

jídelní hůlky

merőkanál

naběračka

keverőlapátka

obracečka

habverő

metla

szűrő

síto

szita

cedník

reszelő

struhadlo

mozsár

hmoždíř

grillsütő

gril

kandalló

ohniště

vágódeszka

prkénko na krájení

sodrófa

váleček na těsto

dugóhúzó

vývrtka

doboz

dóza

konzervnyitó

otvírák na konzervy

edényfogó

chňapka

mosogató

umyvadlo

kefe

kartáč na nádobí

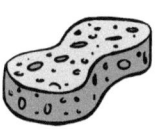

szivacs

houba

turmixgép

mixér

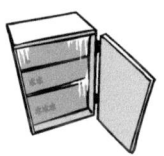

mélyhűtő

mrazák

cumisüveg

dětská lahev

csap

kohoutek

fürdőszoba
koupelna

zuhany
sprcha
fűtés
topení
törölköző
ručník
zuhanyfüggöny
sprchový závěs
habfürdő
pěnová koupel
kád
vana
pohár
sklenička
mosógép
pračka
csap
kohoutek
csempe
obkladačky
bili
nočník
mosogató
umyvadlo

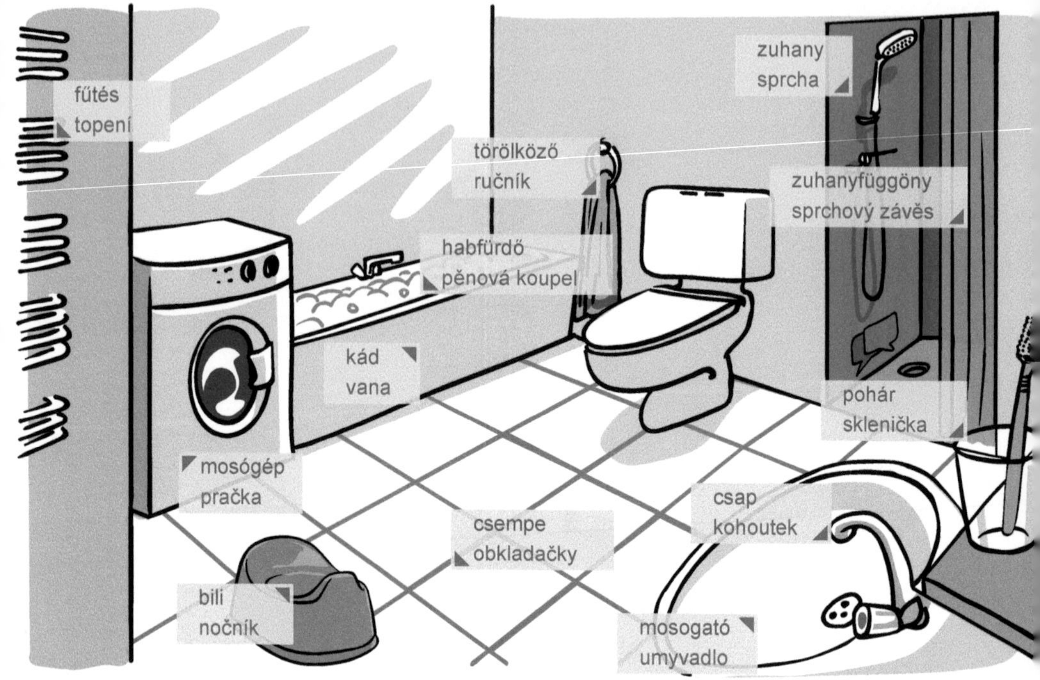

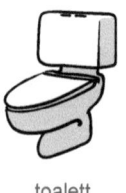

toalett

záchod

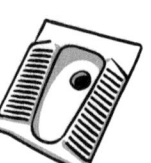

guggolós toalett

turecký záchod

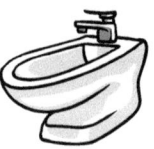

bidé

bidet

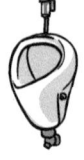

piszoár

pisoár

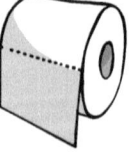

toalett papír

toaletní papír

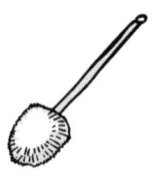

wc kefe

záchodová štětka

fogkefe

zubní kartáček

fogkrém

zubní pasta

fogselyem

zubní niť

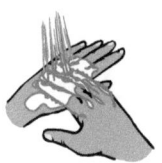

mosni

mýt

kézi zuhany

ruční sprcha

intimzuhany

intimní sprcha

mosdótál

umyvadlo

hátmosó kefe

kartáč na záda

szappan

mýdlo

tusfürdő

sprchový gel

sampon

šampón

mosdókesztyű

žínka

lefolyó

odpad

krém

krém

dezodor

deodorant

tükör
....
zrcadlo

kézitükör
....
kosmetické zrcátko

borotva
....
holicí strojek

borotvahab
....
pěna na holení

borotválkozás utáni
arcszesz
voda po holení

fésű
....
hřeben

hajkefe
....
kartáč

hajszárító
....
fén

hajlakk
....
lak na vlasy

smink
....
makeup

ajakrúzs
....
rtěnka

körömlakk
....
lak na nehty

vatta
....
vata

körömvágó olló
....
nůžky na nehty

parfüm
....
parfém

neszesszer

aška s toaletními potřebami

sámli

stolička

mérleg

váha

köntös

župan

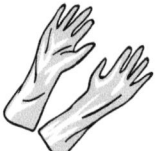

gumikesztyű

gumové rukavice

tampon

tampón

egészségügyi betét

dámská vložka

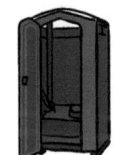

vegyi WC

chemická toaleta

gyerekszoba
dětský pokoj

ébresztő óra
budík
plüssállat
plyšová hračka
játékautó
autíčko
csörgő
chrastítko
babaház
domeček pro panenky
ajándék
dárek

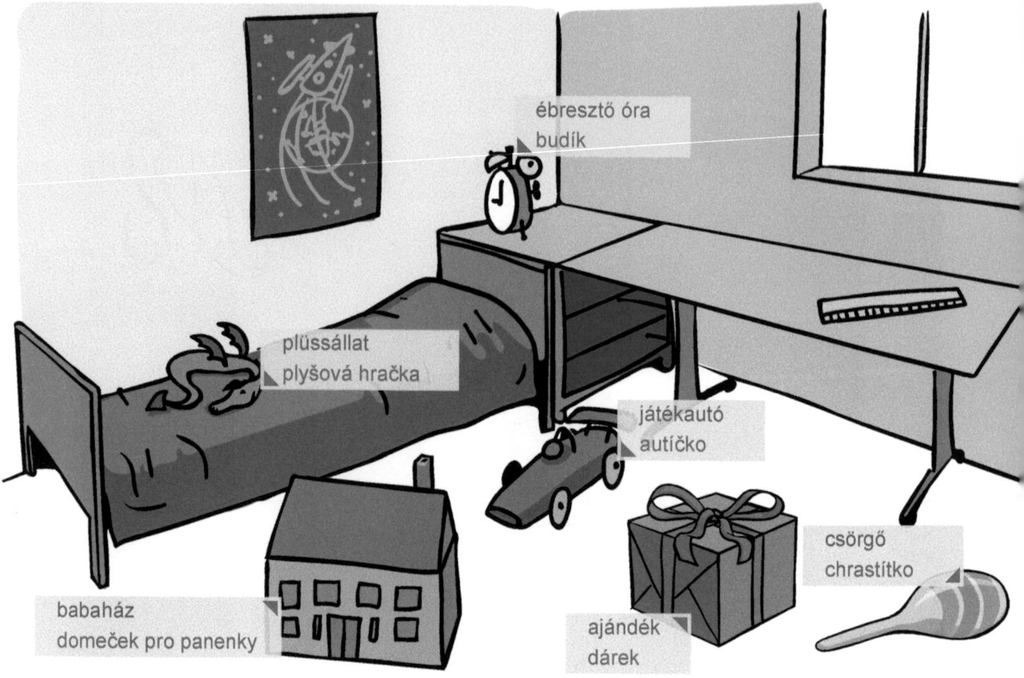

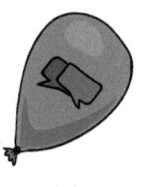

lufi
balón

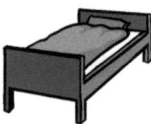

ágy
postel

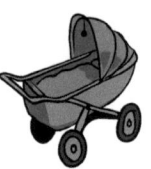

babakocsi
kočárek

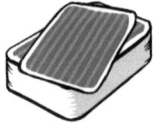

kártyapakli
balíček karet

kirakós játék
puzzle

SUPER MEGA

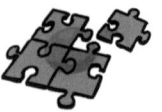

képregény
komiks

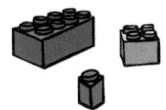

építőkockák
lego kostky

építőelem
stavebnice

szuperhős
akční figurka

rugdalózó
dupačky

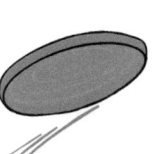

frizbi
frisbee

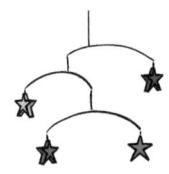

zenélő forgó
závěsné hračky nad
postýlku

társasjáték
desková hra

kocka
kostky

modellvasút
modelová železnice

cumi
dudlík

zsúr
oslava

képeskönyv
obrázková kniha

labda
míč

baba
panenka

játszani
hrát si

homokozó

pískoviště

hinta

houpačka

játékok

hračky

videójáték konzol

hrací konzole

tricikli

tříkolka

teddi maci

medvídek

ruhásszekrény

šatník

ruházat
oblečení

zokni

ponožky

harisnya

punčochy

harisnyanadrág

punčochové kalhoty

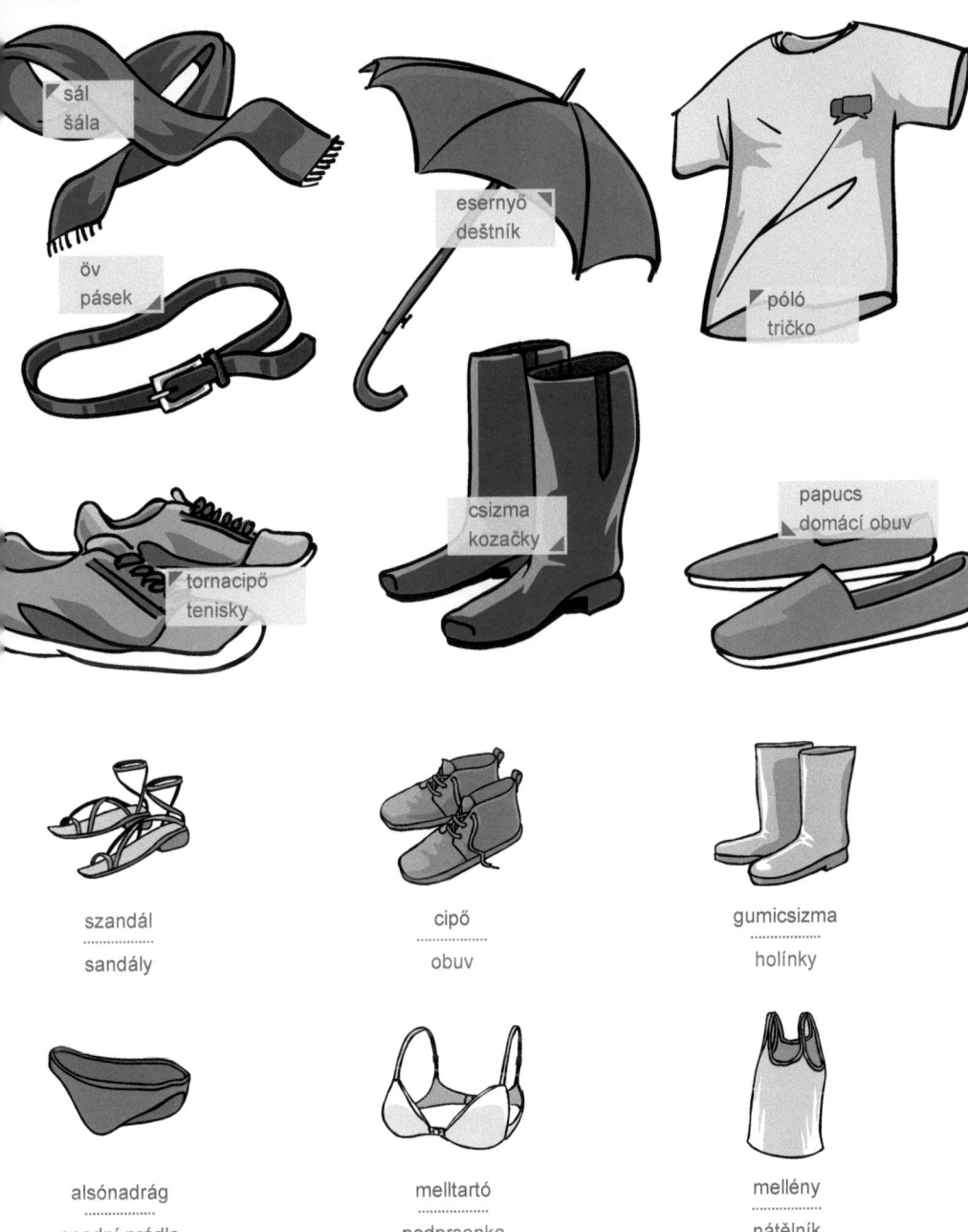

sál
šála

esernyő
deštník

öv
pásek

póló
tričko

tornacipő
tenisky

csizma
kozačky

papucs
domácí obuv

szandál
....
sandály

cipő
....
obuv

gumicsizma
....
holínky

alsónadrág
....
spodní prádlo

melltartó
....
podprsenka

mellény
....
nátělník

body
body

nadrág
kalhoty

farmer
džíny

szoknya
sukně

blúz
blůza

ing
košile

pulóver
svetr

kapucnis pulóver
mikina

blézer
blejzr

dzseki
bunda

kabát
kabát

esőkabát
pláštěnka

kosztüm
kostým

ruha
šaty

esküvői ruha
svatební šaty

öltöny
oblek

hálóing
noční košile

pizsama
pyžamo

szári
sárí

fejkendő
šátek na hlavu

turbán
turban

burka
burka

kaftán
kaftan

abaya
abája

fürdőruha
plavky

fürdőnadrág
pánské plavky

rövidnadrág
kraťasy

tréningruha
tepláková souprava

kötény
zástěra

kesztyű
rukavice

gomb

knoflík

szemüveg

brýle

karkötő

náramek

nyaklánc

náhrdelník

gyűrű

prsten

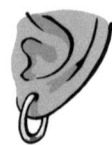

fülbevaló

náušnice

sapka

čepice

vállfa

ramínko

kalap

klobouk

nyakkendő

kravata

cipzár

zip

bukósisak

helma

nadrágtartó

kšandy

iskolai egyenruha

školní uniforma

egyenruha

uniforma

előke
.....
bryndák

cumi
.....
dudlík

pelenka
.....
plena

iroda
kancelář

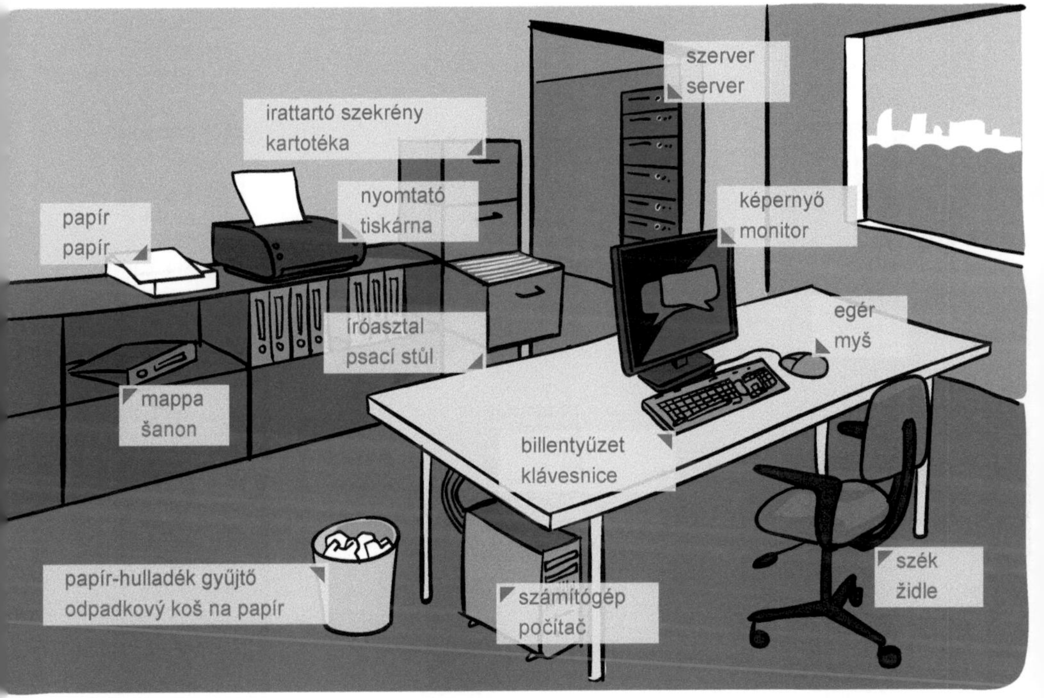

szerver
server

irattartó szekrény
kartotéka

nyomtató
tiskárna

papír
papír

képernyő
monitor

íróasztal
psací stůl

egér
myš

mappa
šanon

billentyűzet
klávesnice

papír-hulladék gyűjtő
odpadkový koš na papír

szék
židle

számítógép
počítač

kávéscsésze
.....
hrnek na kávu

számológép
.....
kalkulačka

internet
.....
internet

laptop

notebook

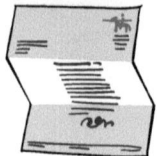

levél

dopis

üzenet

zpráva

mobiltelefon

mobil

hálózat

síť

fénymásoló

kopírka

szoftver

software

telefon

telefon

konnektor

zásuvka

faxgép

fax

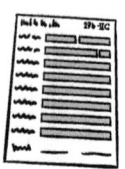

formanyomtatvány

formulář

dokumentum

dokument

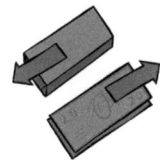

venni

nakupovat

fizetni

zaplatit

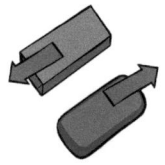

kereskedni

jednat

pénz

peníze

dollár

dolar

euró

euro

jen

jen

rubel

rubl

svájci frank

frank

kínai jüan

juan

rúpia

rupie

bankautomata

bankomat

valutaváltó iroda

směnárna

arany

zlato

ezüst

stříbro

olaj

olej

energia

energie

ár

cena

szerződés

smlouva

adó

daň

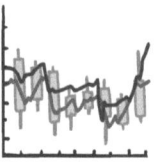

részvény

akcie

dolgozni

pracovat

munkavállaló

zaměstnanec

munkaadó

zaměstnavatel

gyár

továrna

üzlet

obchod

rendőr
policista

tűzoltó
hasič

szakács
kuchař

orvos
lékař

pilóta
pilot

kertész

zahradník

kárpitos

truhlář

varrónő

švadlena

bíró

soudce

vegyész

chemik

színész

herec

buszsofőr
řidič autobusu

taxisofőr
řidič taxi

halász
rybář

bejárónő
uklízečka

tetőfedő
pokrývač

pincér
číšník

vadász
myslivec

festő
malíř

pék
pekař

villanyszerelő
elektrikář

építőmunkás
stavební dělník

mérnök
inženýr

hentes
řezník

vízvezeték-szerelő
klempíř

postás
listonoš

katona
voj"
voják

építész
architekt

eladó
pokladní

virágos
florista

fodrász
kadeřník

kalauz
průvodčí

műszerész
mechanik

kapitány
kapitán

fogorvos
zubař

tudós
vědec

rabbi
rabín

imám
imám

szerzetes
mnich

lelkész
duchovní

szerszámok
nářadí

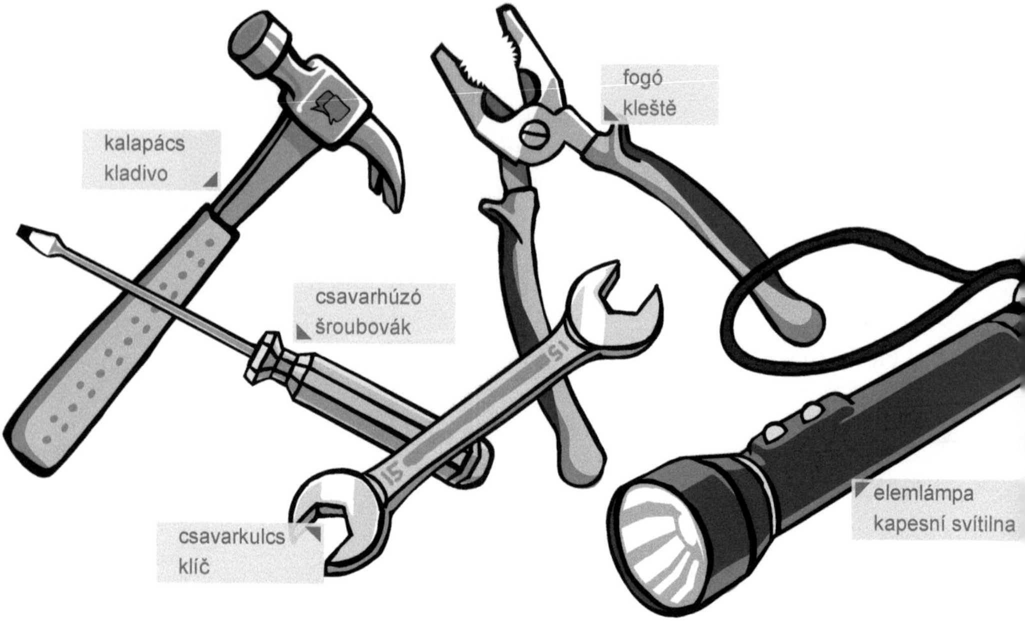
fogó
kleště
kalapács
kladivo
csavarhúzó
šroubovák
elemlámpa
kapesní svítilna
csavarkulcs
klíč

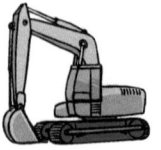

markológép
bagr

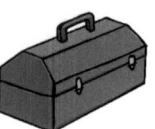

szerszámosláda
skříň na nářadí

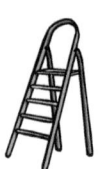

vödör
žebřík

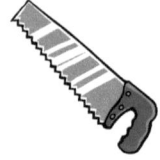

fűrész
pila

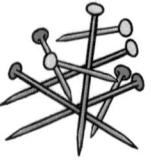

szög
hřebíky

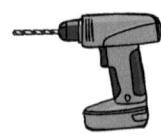

fúrógép
vrtačka

megjavítani

opravit

lapát

lopata

A francba!

Kurva!

szemétlapát

lopatka

festékesdoboz

vědroé na barvu

csavar

šrouby

hangszerek
hudební nástroje

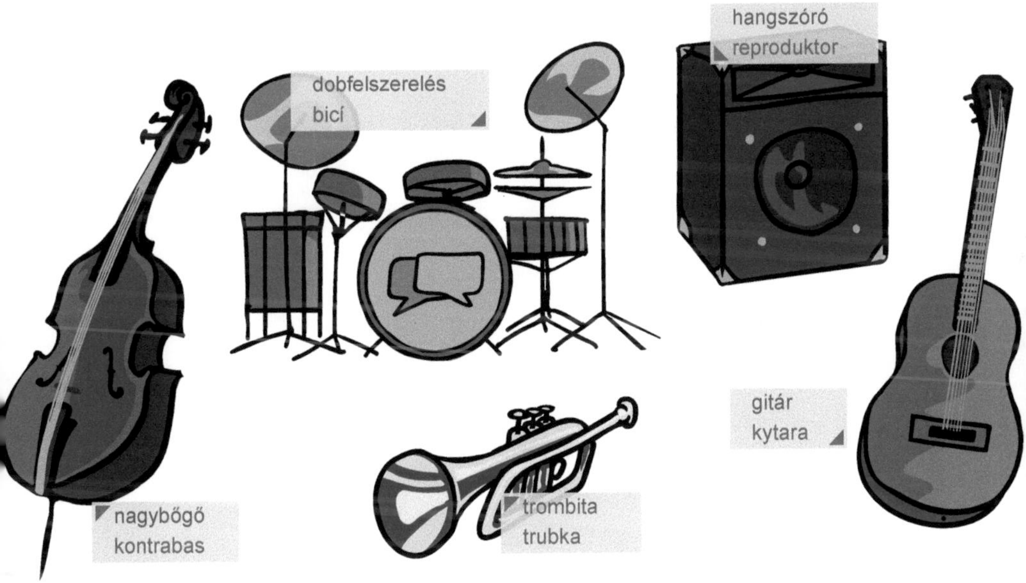

hangszóró
reproduktor

dobfelszerelés
bicí

gitár
kytara

nagybőgő
kontrabas

trombita
trubka

zongora

klavír

hegedű

housle

basszusgitár

basa

üstdob

tympán

dobok

bubny

digitális zongora

keyboard

szaxofon

saxofon

fuvola

flétna

mikrofon

mikrofon

állatkert

zoo

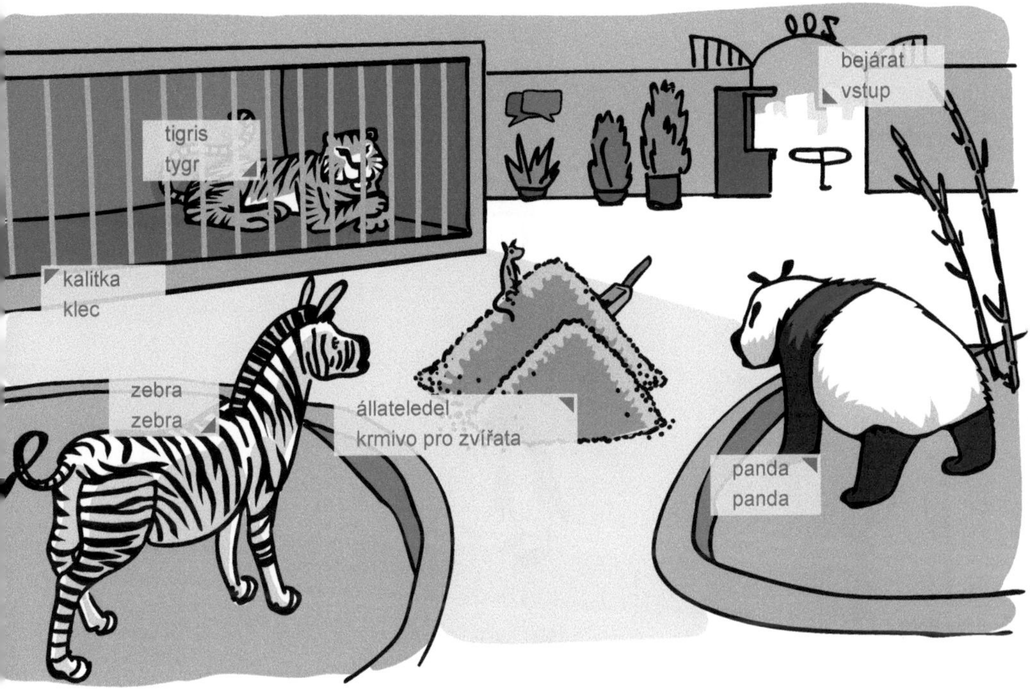

zoo
bejárat
vstup
tigris
tygr
kalitka
klec
zebra
zebra
állateledel
krmivo pro zvířata
panda
panda

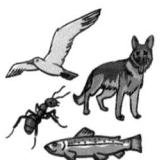

állatok

zvířata

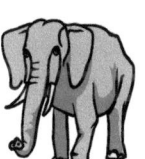

elefánt

slon

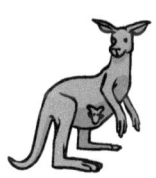

kenguru

klokan

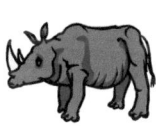

orrszarvú

nosorožec

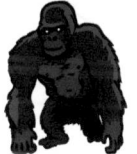

gorilla

gorila

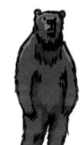

medve

medvěd

teve

velbloud

strucc

pštros

oroszlán

lev

majom

opice

flamingó

plameňák

papagáj

papoušek

jegesmedve

lední medvěd

pingvin

tučňák

cápa

žralok

páva

páv

kígyó

had

krokodil

krokodýl

állatgondozó

ošetřovatel zvířat

fóka

tuleň

jaguár

jaguár

póniló
poník

leopárd
leopard

víziló
hroch

zsiráf
žirafa

sas
orel

vaddisznó
divoké prase

hal
ryby

teknős
želva

rozmár
mrož

róka
liška

gazella
gazela

amerikai futball
americký fotbal

kerékpározás
cyklistika

tenisz
tenis

kosárlabda
košíková

úszás
plavání

boksz
box

jégkorong
lední hokej

futball	tollas	atlétika
kopaná	badminton	lehká atletika
kézilabda	síelés	lovaspóló
házená	běh na lyžích	vodní pólo

tevékenységek
aktivity

ugrani
skočit
ölelni
objímat
nevetni
smát se
sétálni
jít
énekelni
zpívat
álmodni
snít
dicsérni
modlit se
csókolni
políbit

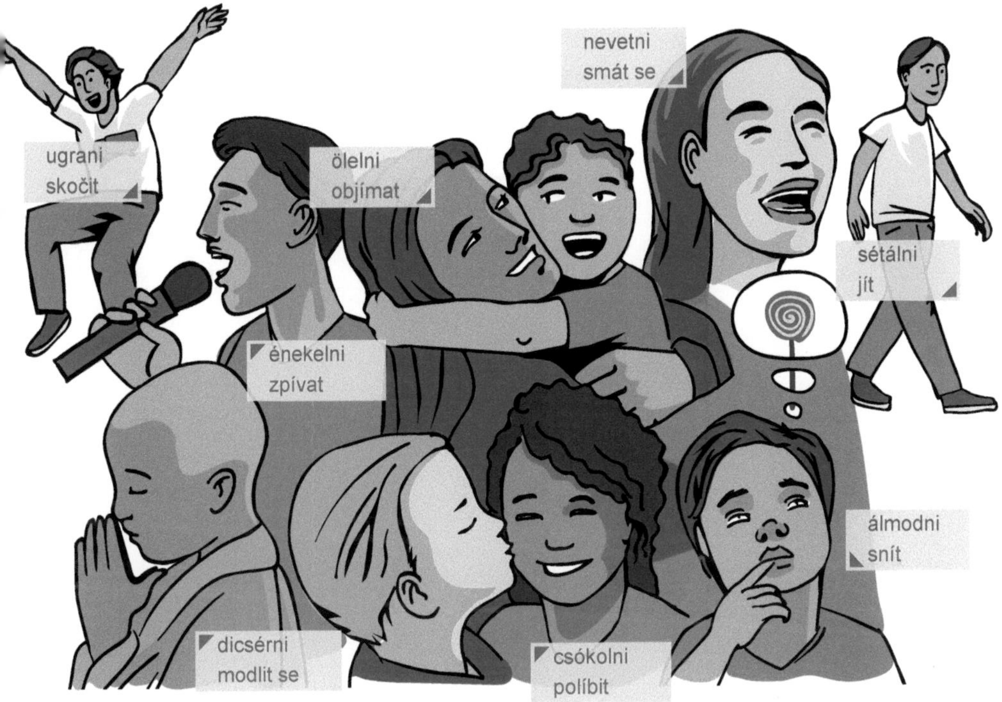

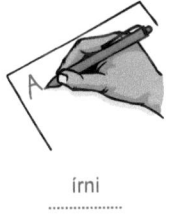

írni
psát

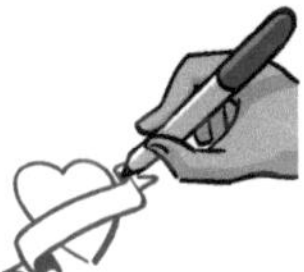

rajzolni
kreslit

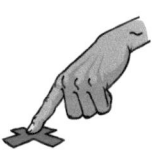

mutatni
ukazovat

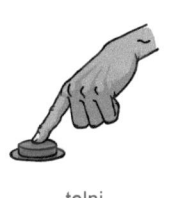

tolni
tlačit

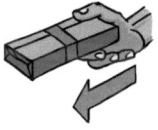

adni
dát

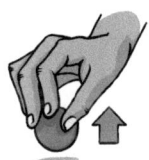

vinni
vzít si

birtokolni
....
mít

csinálni
....
dělat

lenni
....
být

állni
....
stát

futni
....
běhat

húzni
....
táhnout

hajít
....
hodit

esni
....
padat

hazudni
....
ležet

várni
....
čekat

vinni
....
nosit

ülni
....
sedět

felvenni
....
oblékat

aludni
....
spát

felébredni
....
vzbudit se

ránézni

prohlédnout si

sírni

plakat

simogat

pohladit

fésülni

česat

beszélni

hovořit

megérteni

rozumět

kérdezni

ptát se

hallgatni

slyšet

inni

pít

enni

jíst

takarítani

uklidit

szeretni

milovat

főzni

vařit

vezetni

jet

szállni

letět

vitorlázni

plachtit

számol

počítat

olvasni

číst

tanulni

učit se

dolgozni

pracovat

házasodni

vzít si

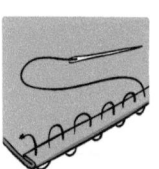

varrni

šít

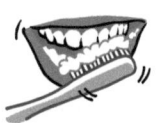

fogat mosni

čistit si zuby

ölni

zabít

dohányozni

kouřit

küldeni

poslat

család
rodina

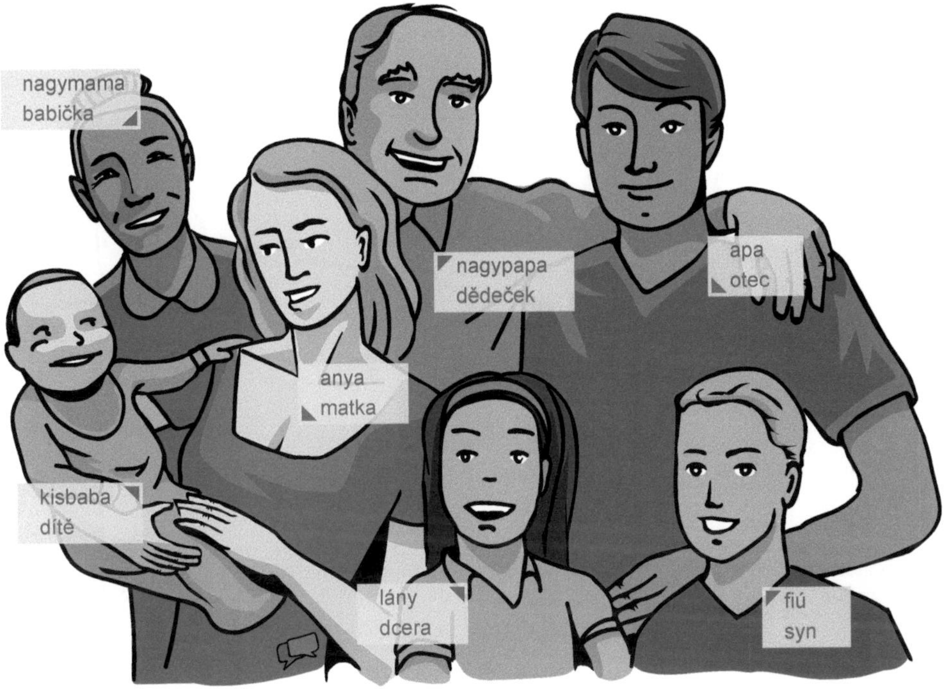
nagymama
babička
nagypapa
dědeček
apa
otec
anya
matka
kisbaba
dítě
lány
dcera
fiú
syn

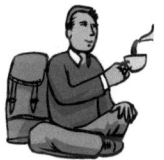

vendég

host

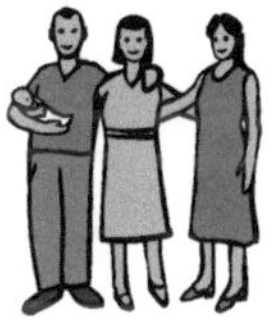

nagynéni

teta

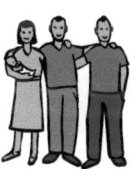

nagybácsi

strýc

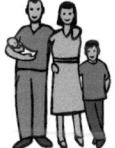

fiútestvér

bratr

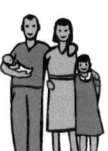

lánytestvér

sestra

test

tělo

homlok
čelo
szem
oko
váll
rameno
ujj
prst
arc
obličej
áll
brada
kéz
ruka
láb
dolní končetina
mell
hruď
kar
paže

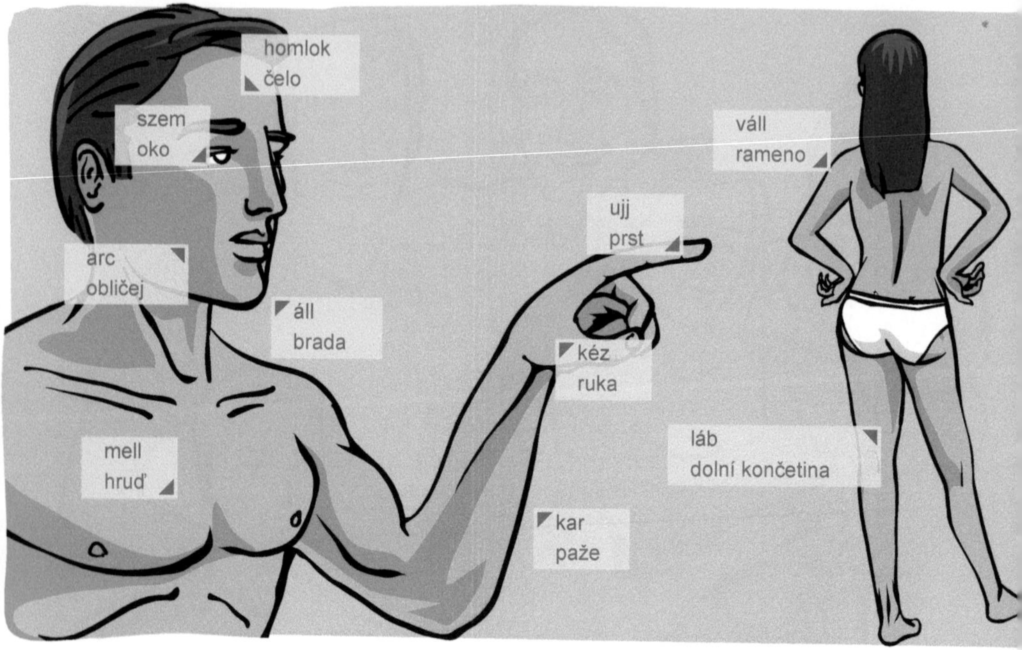

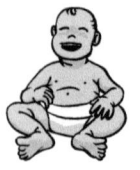

kisbaba
dítě

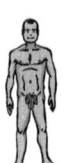

ember
muž

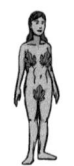

nő
žena

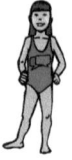

lány
dívka

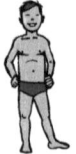

fiú
chlapec

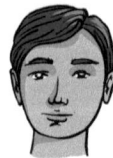

fej
hlava

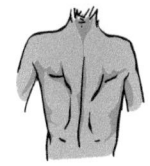

hát

záda

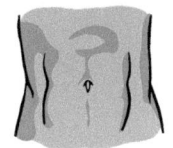

has

břicho

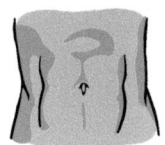

köldök

pupík

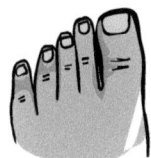

lábujj

prst na noze

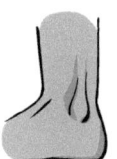

sarok

pata

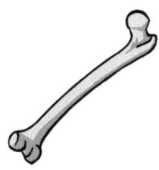

csont

kost

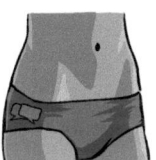

csípő

bok

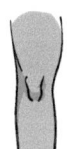

térd

koleno

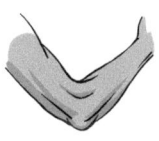

könyök

loket

orr

nos

fenék

zadek

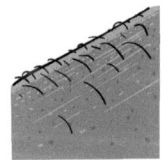

bőr

kůže

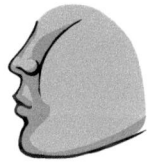

orca

tvář

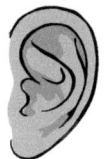

fül

ucho

ajak

ret

száj
....
ústa

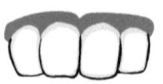

fog
....
zub

nyelv
....
jazyk

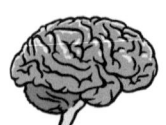

agy
....
mozek

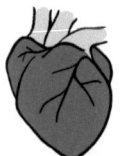

szív
....
srdce

izom
....
sval

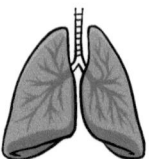

tüdő
....
plíce

máj
....
játra

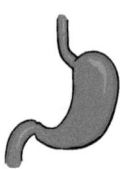

gyomor
....
žaludek

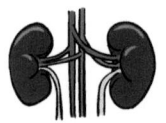

vese
....
ledviny

szex
....
pohlavní styk

kondom
....
kondom

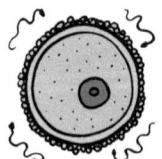

petesejt
....
vajíčko

sperma
....
sperma

terhesség
....
těhotenství

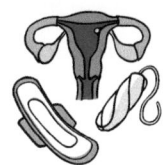

menstruáció

menstruace

vagina

vagina

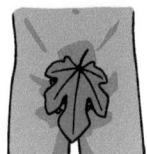

pénisz

penis

szemöldök

obočí

haj

vlasy

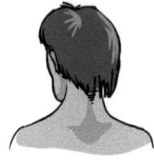

nyak

krk

kórház
nemocnice

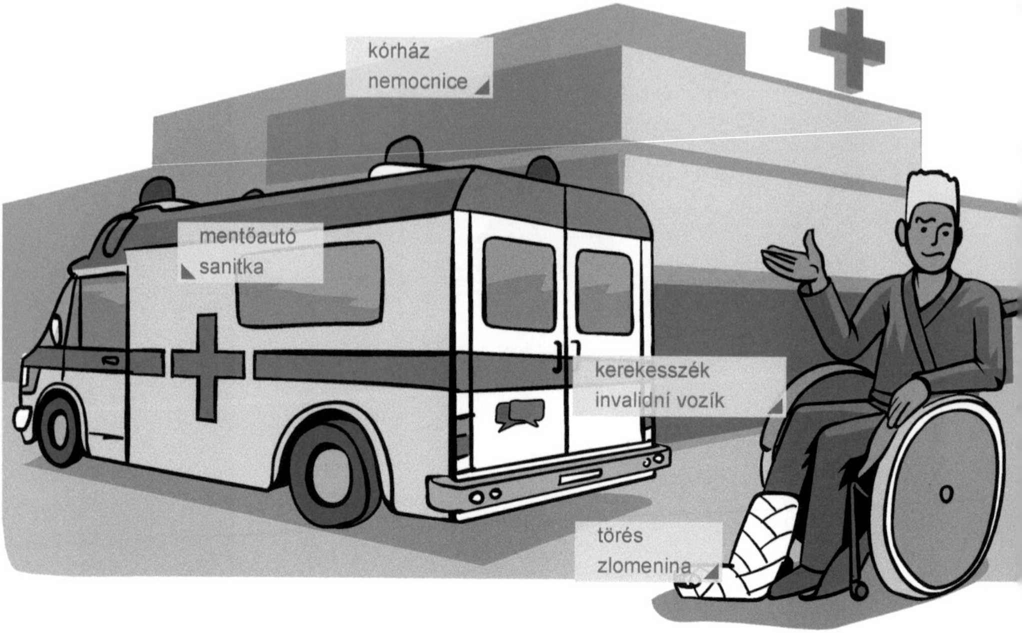

kórház
nemocnice
mentőautó
sanitka
kerekesszék
invalidní vozík
törés
zlomenina

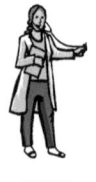

orvos

lékař

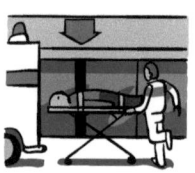

sürgősségi osztály

pohotovost

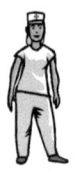

ápoló

zdravotní sestra

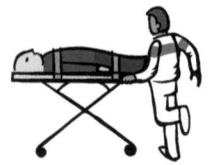

vészhelyzet

urgentní případ

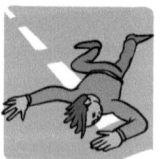

eszméletlen

v bezvědomí

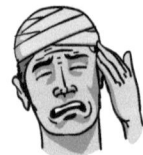

fájdalom

bolest

sérülés
....
úraz

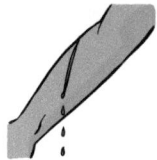

vérzés
....
krvácení

szívroham
....
infarkt myokardu

szélütés
....
cévní mozková příhoda

allergia
....
alergie

köhögés
....
kašel

láz
....
horečka

influenza
....
chřipka

hasmenés
....
průjem

fejfájás
....
bolest hlavy

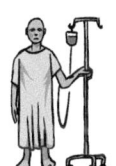

rák
....
rakovina

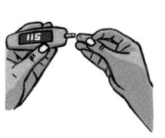

cukorbetegség
....
cukrovka

sebész
....
chirurg

szike
....
skalpel

műtét
....
operace

CT
CT

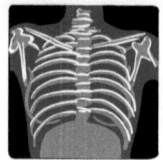

röntgen
rentgen

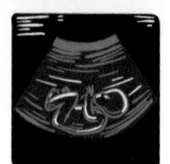

ultrahang
ultrazvuk

arcmaszk
maska

betegség
nemoc

váróterem
čekárna

mankó
berle

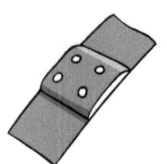

sebtapasz
náplast

kötszer
obvaz

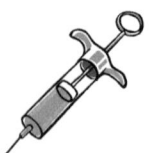

injekció
injekce

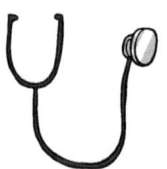

sztetoszkóp
stetoskop

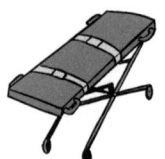

hordágy
nosítka

klinikai hőmérő
teploměr

születés
porod

túlsúly
nadváha

hallókészülék

naslouchátko

fertőtlenítőszer

dezinfekční prostředek

fertőzés

infekce

vírus

virus

HIV/AIDS

HIV / AIDS

orvosság

lékařství

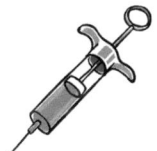

oltás

očkování

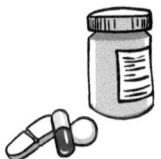

tabletták

tablety

tabletta

pilulka

sürgősségi hívás

tísňové volání

vérnyomásmérő

tonometr

betegség / egészség

nemocný / zdravý

Segítség!

Pomoc!

riasztás

poplach

rajtaütés

přepadení

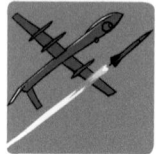

támadás

napadení

veszély

nebezpečí

vészkijárat

nouzový východ

tűz!

Hoří!

tűzoltókészülék

hasicí přístroj

baleset

nehoda

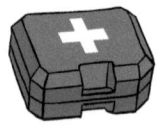

elsősegélycsomag

zdravotnická brašna

SOS

SOS

rendőrség

policie

Európa

Evropa

Észak-Amerika

Severní Amerika

Dél-Amerika

Jižní Amerika

Afrika

Afrika

Ázsia

Asie

Ausztrália

Austrálie

Atlanti-óceán

Atlantik

Csendes-óceán

Pacifik

Indiai-óceán

Indický oceán

Déli-óceán

Jižní ledový oceán

Jeges-tenger

Severní ledový oceán

Északi-sark

severní pól

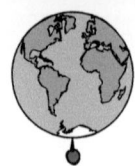

Déli-sark

jižní pól

Antarktisz

Antarktida

föld

země

szárazföld

pevnina

tenger

moře

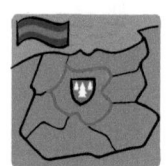

sziget

ostrov

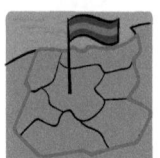

nemzet

národ

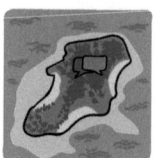

állam

stát

föld - země

számlap

ciferník

kismutató

hodinová ručička

nagymutató

minutová ručička

másodpercmutató

vteřinová ručička

Mennyi az idő?

Kolik je hodin?

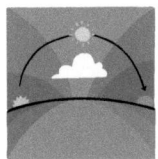

nap

den

idő

čas

most

teď

digitális óra

digitální hodinky

perc

minuta

óra

hodina

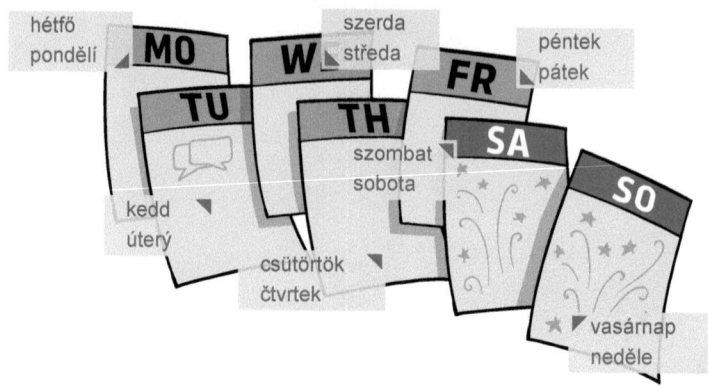

hétfő
pondělí — MO

W — szerda
středa

FR — péntek
pátek

TU

TH — szombat
sobota

SA

kedd
úterý

SO

csütörtök
čtvrtek

vasárnap
neděle

tegnap

včera

ma

dnes

holnap

zítra

reggel

ráno

dél

poledne

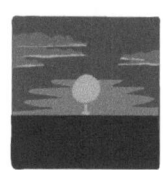

este

večer

MO	TU	WE	TH	FR	SA	SU
1	2	3	4	5	6	7
8	9	10	11	12	13	14
15	16	17	18	19	20	21
22	23	24	25	26	27	28
29	30	31	1	2	3	4

hétköznap

pracovní dny

MO	TU	WE	TH	FR	SA	SU
1	2	3	4	5	6	7
8	9	10	11	12	13	14
15	16	17	18	19	20	21
22	23	24	25	26	27	28
29	30	31	1	2	3	4

hétvége

víkend

év
rok

eső
déšť
szivárvány
duha
szél
vítr
hó
sníh
tavasz
jaro
nyár
léto
ősz
podzim
tél
zima

4.APRIL 11°
5.APRIL 4°
6.APRIL 13°
7.APRIL 8°
8.APRIL 10°

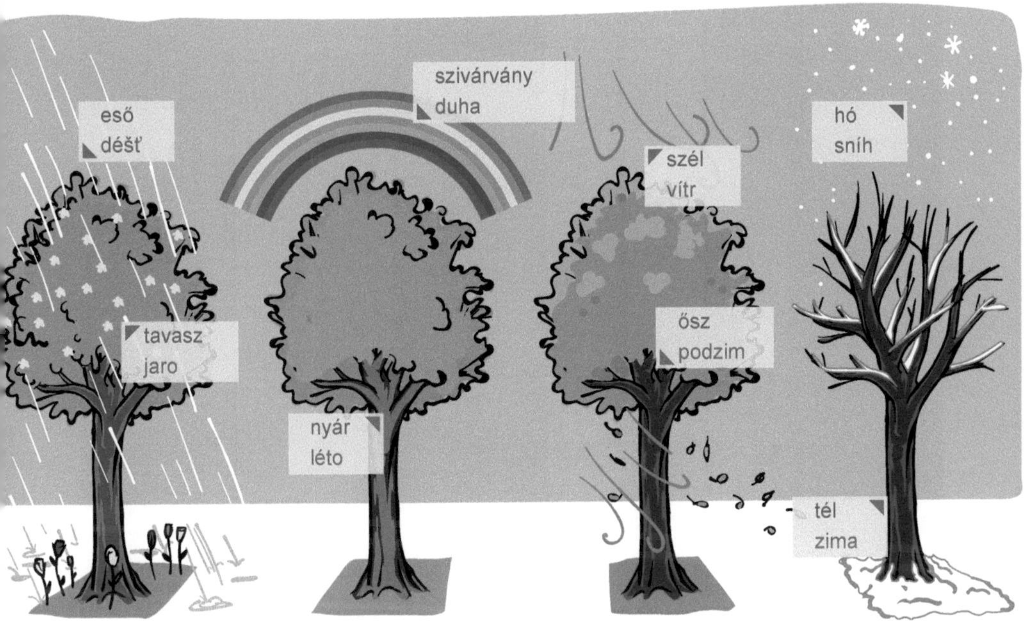

időjárás előrejelzés

předpověď počasí

F C
120 40
90 30
60 20
30 10
0 0
-30 -10
-20

hőmérő

teploměr

napsütés

sluneční svit

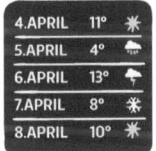

felhő

mrak

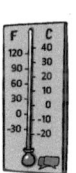

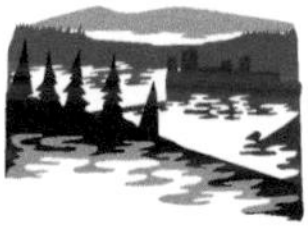

köd

mlha

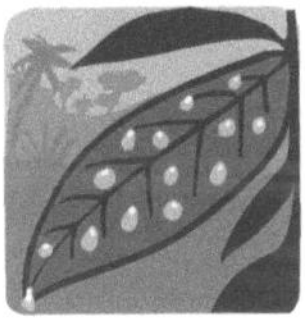

páratartalom

vlhkost

villámlás
....
blesk

mennydörgés
....
hrom

vihar
....
bouřka

jégeső
....
kroupy

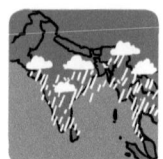

monszun
....
monzun

áradás
....
povodeň

jég
....
led

január
....
leden

február
....
únor

március
....
březen

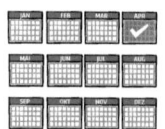

április
....
duben

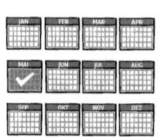

május
....
květen

június
....
červen

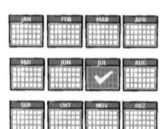

július
....
červenec

augusztus
....
srpen

év - rok

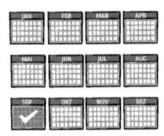

szeptember
....
září

október
....
říjen

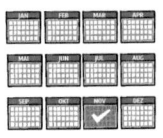

november
....
listopad

december
....
prosinec

alakzatok
tvary

kör
....
kruh

négyzet
....
čtverec

téglalap
....
obdélník

háromszög
....
trojúhelník

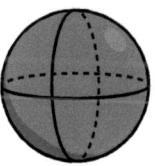

gömb
....
koule

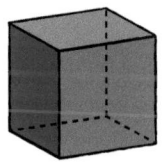

kocka
....
krychle

színek
barvy

fehér
....
bílá

sárga
....
žlutá

narancs
....
oranžová

rózsaszín
....
růžová

piros
....
červená

lila
....
fialová

kék
....
modrá

zöld
....
zelená

barna
....
hnědá

szürke
....
šedá

fekete
....
černá

sok / kevés
hodně / málo

mérges / nyugodt
rozzuřený / mírumilovný

szép / csúnya
krásný / ošklivý

kezdet / vég
začátek / konec

nagy / kicsi
velký / malý

világos / sötét
světlý / tmavý

fivér / nővér
bratr / sestra

tiszta / koszos
čistý / špinavý

teljes / nem teljes
úplný / neúplný

nappal / éjszaka
den / noc

halott / élő
mrtvý / živý

széles / keskeny
široký / úzký

ehető / nem ehető
jedlý / nejedlý

gonosz / kedves
zlý / hodný

izgatott / unott
vzrušený / znuděný

kövér / vékony
tlustý / hubený

első / utolsó
nejdříve / naposledy

barát / ellenség
přítel / nepřítel

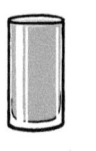

teli / üres
plný / prázdný

kemény / puha
tvrdý / měkký

nehéz / könnyű
těžký / lehký

éhség / szomjúság
hlad / žízeň

betegség / egészség
nemocný / zdravý

illegális / legális
ilegální / legální

intelligens / buta
inteligentní / hloupý

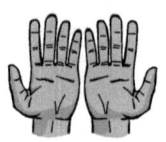

bal / jobb
vlevo / vpravo

közel / távol
blízko / daleko

új / használt
nový / použitý

semmi / valami
nic / něco

idős / fiatal
starý / mladý

be / ki
zapnutý / vypnutý

nyitva / zárva
otevřeno / zavřeno

csendes / hangos
tichý / hlasitý

gazdag / szegény
bohatý / chudý

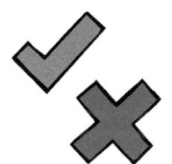

helyes / helytelen
správný / špatný

érdes / sima
drsný / hladký

szomorú / vidám
smutný / šťastný

rövid / hosszú
krátký / dlouhý

lassú / gyors
pomalý / rychlý

nedves / száraz
vlhký / suchý

meleg / hideg
teplý / chladný

háború / béke
válka / mír

0

nulla
nula

1

egy
jedna

2

kettő
dva

3

három
tři

4

négy
čtyři

5

öt
pět

6

hat
šest

7

hét
sedm

8

nyolc
osm

9

kilenc
devět

10

tíz
deset

11

tizenegy
jedenáct

12
tizenkettő

dvanáct

13
tizenhárom

třináct

14
tizennégy

čtrnáct

15
tizenöt

patnáct

16
tizenhat

šestnáct

17
tizenhét

sedmnáct

18
tizennyolc

osmnáct

19
tizenkilenc

devatenáct

20
húsz

dvacet

100
száz

sto

1.000
ezer

tisíc

1.000.000
millió

milion

angol

angličtina

amerikai angol

americká angličtina

mandarin kínai

standardní čínština

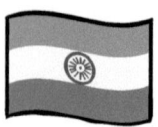

hindi

hindština

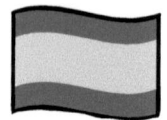

spanyol

španělština

francia

francouzština

arab

arabština

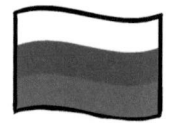

orosz

ruština

portugál

portugalština

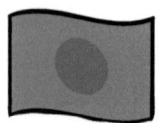

bengáli

bengálština

német

němčina

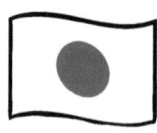

japán

japonština

én
....
já

te
....
ty

ő
....
on / ona / ono

mi
....
my

ti
....
vy

ők
....
oni

ki?
....
Kdo?

mi?
....
Co?

hogyan?
....
Jak?

hol?
....
Kde?

mikor?
....
Kdy?

név
....
jméno

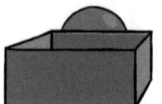

mögött

za

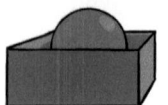

benne

do

elötte

z

felette

nad

rajta

na

alatta

mezi

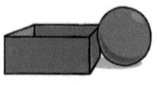

mellett

vedle

között

mezi

hely

místo